Jouons au cirque!

D1530123

Texte : Rebecca Klevberg Moeller, spécialiste de l'enseignement des langues
Illustrations : Eric Sévigny, d'après le dessin animé

chouette dhx media®

Aujourd'hui, Caillou et papa vont au **cirque**.

Caillou aime beaucoup le **cirque**.
Il veut devenir un dompteur de
lions !

Caillou se lève tôt. Il n'arrive plus
à dormir.

Caillou saute du lit et prend ses
vêtements.

Caillou enfile sa chemise et
sa culotte. Il met ses chaussettes
et ses chaussures.

Caillou est presque prêt pour
le **cirque**.

Caillou doit d'abord se brosser
les dents.

« Pourquoi te brosses-tu les
dents ? », dit papa.
« Nous allons au **cirque**, papa ! »

« Le **cirque** n'est pas aujourd'hui. Le **cirque** est demain. »

Oh non ! Caillou est triste. Il veut voir les **clowns** !

Papa a une idée : « Préparons un petit-déjeuner de **cirque**. »

« Hourra !, s'écrie Caillou. Je vais **jongler** avec les **œufs** ! »

Caillou prend les **œufs**. « Attention à Gilbert ! »

Caillou, Gilbert et les **œufs** tombent par terre.

« Caillou, on ne **jongle** pas avec les **œufs** ! Quel **dégât** ! »

Puis, papa fait griller du **pain**.
C'est chaud! Papa **jongle** avec
le **pain**. Le **pain** tombe.

« Drôle de **jonglerie** ! », s'amuse
Caillou.

« Faisons plutôt un **défilé** »,
dit papa.

Mousseline est le **clown**. Elle porte un drôle de chapeau. C'est un drôle de **défilé** !

Papa ouvre le **défilé**.
Il chante une chanson
de **cirque**.
Il **danse** avec
Mousseline.

C'est un drôle de **défilé**, avec des chants et de la **danse**!

Caillou fait de la **musique**.
Il tape sur une casserole avec
une cuillère.

C'est un drôle de **défilé**,
avec des chants, de la **danse**
et de la **musique** !

Maman arrête
le **défilé**.
« Quel est tout
ce **bruit** ? »

« Nous faisons un **défilé** de **cirque** », répond papa.

« C'est un **défilé** qui fait du **bruit** ! dit maman. **Silence**, s'il vous plaît. »

Elle regarde la cuisine. « C'est un **défilé** salissant ! Nettoyez, s'il vous plaît. »

Papa et Caillou nettoient les **dégâts**. Le **défilé** du **cirque** peut recommencer.